UN VIAJE CON DESTINO

KALAHAM MONTAN

BIENETRE
EDITORIAL

Un viaje con destino

KALAHAM MONTAN

Publicado por: Editorial Bien-etre.

Diseño y Diagramación: Ceadvertising.

Diseño de portada: Ceadvertising.

ISBN: 978-9945-9259-4-4

Edición: Editado por Editorial Bien-etre.

Impresión: Impreso en la República Dominicana por Editorial Bien-etre, bajo el sello A90D.

www.a90d.com

Primera edición 2020

Índice

Lo que inquieta mi espíritu y me motiva a escribir es
que cada persona que lea este libro logre darse cuenta
de su valor y que pueda ser guiado por Dios; entendiendo que su vida cambia cuando le permite a él que
la cambie y direccione sus pasos, para que sea transformado en un instrumento de amor para el mundo,
sal y luz del camino que conduce a la vida eterna.

La autora

Dedicatoria

Dedico este libro a mi Padre celestial, mi creador y Dios fiel de quien dependo, pues él es mi inspiración. Su amor me hace ver obrar su mano en lo sencillo y en lo poderoso, guiando mi vida en todo momento, ver lo que hace y cómo transforma los escenarios de mi vida por amor a mí. Me deja saber que es mi respaldo en cada cosa y en cada tiempo.

A mis hijos, Carlos y Alfredo, ambos son el motor de arranque que me impulsa a esforzarme cada día, para mostrarles, que somos en Dios, que existimos por Dios y que nos debemos a él. Mis hijos son la mejor manera de dejar frutos y un buen legado a esta sociedad y al mundo.

A mi esposo, quien ha sido petición concedida para mí y oración contestada a mi madre por parte de Dios, pues por él ella oraba. Es el compañero ideal para transitar juntos sembrando la buena semilla en tierra fértil. Es mi apoyo y mi complemento.

A mi madre querida, que siempre ha creído en lo que Dios ha puesto en mí, quien me apoya 100% cuando le muestro mis ideas. Ha sido mi orientadora, ejemplo de sensatez y sabiduría.

A mi amada abuela que a la vez es mi madre espiritual, quien me muestra con su vida el camino de la salvación y me ha ayudado a conocer a un Cristo vivo para vivir para él.

A todos mis hermanos, familia y amigos por ser y estar siempre presentes.

Me siento más que agradecida de mi Señor.

Te invito ahora a que me acompañes a emprender este viaje. Abre tu corazón y atrévete a ver tu vida como un don especial en manos de Dios, quien te llama para hacerte cumplir tu destino.

Introducción

En el camino de la vida, dentro de la historia que nos toca vivir, todos los seres humanos tenemos una asignación importante que cumplir, la cual nos lleva a un destino al que todos tenemos la posibilidad de llegar. Es entonces cuando podemos ver el propósito por el cual fuimos llamados de acuerdo con el plan de Dios

Tenemos una identidad única en Cristo Jesús, en la que necesitamos entender cuál es la mejor manera de aceptarnos para cambiar nuestra vida siendo dirigidos a tomar decisiones acertadas.

Puedes sacarle el mejor de los provechos al don de la vida si te atreves a tomar un nuevo sendero que te guiará a un maravilloso destino, haciéndote capaz de demostrándote a ti

mismo que no tienes que terminar como empezaste y comprendiendo que fuiste creado para cosas grandes, porque para nuestras vidas el cómo terminamos es más importante que cómo empezamos.

Llegar a ser transformado por Dios, andar en él y vivir para él, porque puedes cambiar la trayectoria tu vida y con tu ejemplo lograr cambiar la de otros.

Siete capítulos que marcarán un antes y un después en tu vida. Naveguemos juntos hacia un nuevo comienzo.

Te llevarán a descubrir tu valor, el poder de cambiar acciones para ser transformadas en buenas decisiones, logrando sacar los tesoros que llevas dentro, usando los instrumentos necesarios para ver la mano de Dios obrar en tu vida y sentir su respaldo guiando tus pasos a tu destino. ¡Vamos a bordo!

CAPÍTULO I

Reiniciando con dirección

No existes por casualidad. Puede que en algún momento llegaras a pensar que eres producto de una casualidad o que quizás eres la consecuencia de un error, el resultado de una mala decisión o que simplemente existes a causa de un accidente.

Hoy quiero decirte que independientemente de la circunstancia en la que te haya tocado nacer, la respuesta a todo esto es que No. ¡Jamás! Dios no hace casualidades, sustentémoslo en las escrituras de **Salmos 139:13 "Tú creaste mis entrañas, en el seno de** mi madre me tejiste". Salmos 139:16 "Mi embrión tus ojos lo veían; en tu libro están inscritos todos los días que han sido señalados, sin que aún exista uno solo de ellos".

Lo que me lleva a ver que eres parte de sus planes. él no tiene fallas en lo que hace y no permite nada sin propósito alguno. Tienes que saber que Dios es tu creador; él ya te conocía desde antes de nacer, había establecido tu hora de llegada, tu día de llegada y la fecha apartada, porque ya estaba escrito el destino que tenía para ti. Por eso, entre tantas épocas, temporadas y vidas procreadas, te eligió a ti, en el tiempo perfecto para el cual fuiste llamado, con el fin de que lo representes aquí en la tierra. Tal y como dice la palabra de Dios en **Efesios 2:10 "Nosotros somos obra de Dios, creados en Jesucristo para realizar las buenas obras que Dios ya planeó de antemano para que nos ocupáramos de ellas".**

Es bueno que entiendas que con cada vida también nace una historia, es por eso que tu vida es importante y parte del plan de Dios y tus pasos deben ser guiados por él, para que su propósito sea cumplido en ti.

En el camino puedes encontrarte con personas que han tenido la misma condición que tú al nacer o quizás han vivido alguna experiencia de vida similar a la tuya, sin embargo, hay quienes pueden quedarse paralizados. Por algún hecho específico, podrían quedarse afectados en la parte emocional, intelectual o material. Muchas veces, por causa del temor se detienen y se niegan al cambio; en otras, no logran encontrar la fuerza que se requiere para levantarse de nuevo. Cada situación puede resultar diferente, con trayectorias distintas de acuerdo a lo que Dios quiere que sea nuestra función en este viaje pasajero de la vida. Por eso, Dios no busca hijos perfectos, tampoco espera que cambies para poder encontrarte con él, sino que, por su amor sin condición, está dispuesto a recibirte tal cual eres, para ser transformado en él.

Aunque cada historia sea distinta, puedo decirte que todos tenemos algo en común y es que podemos tomar la decisión de reiniciar nuestras vidas, depositando nuestros pesares y todas nuestras cargas en Jesús, dejándonos llevar por un nuevo sendero que nos direccione a un glorioso y eterno destino: **" Vengan a mí los que estén cansados y agobiados, que yo los haré descansar. [29] Acepten mi enseñanza [d] y aprendan de mí que soy paciente y humilde. Conmigo encontrarán descanso. [30] Mi enseñanza es agradable y mi carga es fácil de llevar»** (Mateo 11:28,30).

Mientras vas transitando y a medida que pasan los años, te vas dando cuenta que tú elijes con que óptica quieres ver tu vida en lo adelante. Si deseas continuar viviendo como víctima o si decides usar tu historia para que Cristo la transforme en un testimonio que deje un mensaje de amor y de esperanza para aquellos que les toque recibirlas de ti.

Por ejemplo, alguien muy cercano a mí me dijo:

Nací de una madre soltera que vivía en casa de su mamá y su padrastro. Más adelante esa madre pudo encontrarse un compañero dispuesto a apoyarla y recibirla con todo y su criatura, siendo él, capaz de responsabilizarse de ella y asumir el rol de ser el papá de esa pequeña niña que en realidad no le pertenecía. Así aceptaba aquel señor, tanto, que él mismo intentó creerse el progenitor de esa criaturita entendiendo que ella no tenía la culpa de haber sido procreada. Y así fui creciendo junto al papá que decidió criarme pensando que yo era su hija, y al mismo tiempo, crecí recibiendo todo el amor de aquel consentidor abuelo padrastro de mi madre. Puedo dar mil gracias a Dios porque padre terrenal no me faltó y pude existir porque Dios me amó.

Hoy ella puede decir que no le hizo falta su padre biológico y simplemente no hubo mejor forma en la que ella pudiese ver la grandeza del amor de Dios.

¡Y tú dirás "wow" mira de qué forma lo tomó!

Te aseguro que esta persona para sentirse agradecida tuvo que tomar decisiones importantes en su vida, para poder recibir lo que hoy ve como bendición, porque de otra manera pudiera esta historia ser contada de forma diferente. Si esa joven primero no hubiese perdonado interiormente a su padre biológico por su ausencia, podría haberse creído ser un error en algún momento de su vida o quizás pudo haber guardado algún sentimiento de rencor u odio en contra de alguno de sus progenitores. Pudo haber buscado mil motivos y razones para sentirse rechazada, albergando sentimientos de abandono, sintiéndose culpable por alguna falta o alguna carencia o victimizarse y culpar a Dios, pero, tomó la mejor decisión. La de recibir el amor y el plan que Dios tenía para su vida, sintiéndose más bien agradecida y elegida, siendo gratamente acogida, teniendo el privilegio de disfrutar de estas dos personas que fungieron como padre y abuelo, ambos totalmente ajenos a su estructura genética natural.

Si te pusieras hoy en el lugar de esa joven, ¿cómo hubieras elegido ver tu situación?

Quizás has atravesado situaciones duras que te han causado heridas. Sin embargo, mientras más difícil haya sido tu prueba, más grande puede ser tu testimonio. De una cosa estoy segura, y es que podemos tener la certeza que todos contamos siempre con la acogida de Dios, porque él quiso que existieras y tiene algo mayor que espera ser recibido por ti: **"Porque de tal manera amó Dios al mundo, que ha dado a su Hijo unigénito, para que todo aquel que en él cree, no se pierda, más tenga vida eterna"** (Juan 3:16).

Puede que tengas que enfrentarte a situaciones difíciles de ganar, pero al final te harán ser grande. Estás diseñado por él y si Dios te ha hecho fuerte tu historia es porque te ha dado la capacidad absoluta de superarla y con ella convertirte en un arma de guerra, para que también los que están a tu alrededor se den cuenta que igual que tú, ellos pueden derribar y superar sus gigantes. Son muchos los cambios que puedes provocar en otros cuando ven tu victoria. Dios nunca permitirá que enfrentes un gigante que no puedas vencer por grande que sea. Es necesario que conozcas lo que portas dentro para que lo uses.

Pero si decides no enfrentar a tus gigantes, provocarás que ellos quieran ganar tus batallas. Con esto evitas que otros encuentren la sanación que necesitan, a la vez que desvías el propósito hermoso que hay guardado para ti y tus situaciones permanecerán ahí hasta que tomes la decisión de superarlas. No permitas que llegue el resentimiento, la amargura y la tristeza te envuelva, tampoco las ganas de venganza y mucho menos te permitas hacer justicia con tus manos, porque retrasarás las bendiciones que llevan tu nombre. Lo que sí debes hacer es darte prisa en querer reencontrarte con el Dios de justicia, reconciliarte con él, para que limpie tu mente y sane por completo tu corazón. él sabe cómo levantarte para poner tu vida en alto. Ábrele las puertas y responde a su llamado, experimenta su amor y deja que te dirija, invítalo a entrar en tu vida, atrévete a volver a empezar porque es tiempo de que empieces a llenarte de él y que se propague el amor de Dios manifestado en tu vida, recibiendo su perdón, liberación, paz y justicia. Deposita en sus manos tu camino y te guiará a través de la luz de su palabra: **"Entrega al Señor tu vida; confía en él y Dios actuará" (Salmos 37:5).**

El viaje de la vida es un don que puedes usar dejando tus huellas para que los de atrás puedan seguir. Estás hecho para grandes cosas, solo necesitas concederte el permiso de cambiar la forma de verte, de pensar y querer actuar diferente. Tienes la oportunidad de levantarte y alzar tu mirada, hacer que la gloria de Dios caiga sobre ti.

En la vida podemos escoger una de dos opciones:

1. Decidir quedarte rendido y sentirte engañado, llenando tu corazón de rencores, vacíos, venganzas que hacen cada vez más honda tu vida, dejándote envolver por la oscura

desesperación dado por el adversario satanás quien es autor de la mentira, nombrado en **Juan 8:44** como **"…padre de la mentira"**

2. Decidir ser valiente y entregarle tu corazón a Dios, abrirle las puestas de tu vida, querer llenarte de él para que con su ayuda te levantes dispuesto a poner en marcha los planes que tiene para bendecirte en grande.

Reinicias tu vida cuando dejas atrás tu pasado, echando fuera de ti el engaño y temor, el miedo la inseguridad, permitiendo que sea renovada en el amor, en el perdón y la misericordia de Dios al mismo tiempo sintiendo que eres importante para él y para la vida de los que están en tu entorno.

Emprendiendo a este nuevo cambio das apertura al cumplimiento de tu propósito y lo maravilloso que él puede hacer a través de ti, porque ya eras parte de la historia, deja que sea tu protector.

Refugiándote en él le conocerás de cerca, alcanzarás a ver las señales que iluminarán cada paso en tu trayecto, sometiéndote a su voluntad y obediencia, dejándote direccionar. Así entenderás el camino que tiene trazado para ti y te entregará todo lo que te corresponde. Con tu perseverancia verás siempre su gloria y su misericordia, con el fin de que vivas la grandeza de seguir a Cristo

Jesús: **"Llámame a mí, que yo te responderé. Te contaré secretos grandiosos e inimaginables que tú no conoces"** (Jeremías 33:3).

CAPÍTULO II

Señales de tránsito

La primera señal que puedes percibir es tu existencia. Te das cuenta de que has sido capaz de llegar hasta aquí superando diferentes tipos de crisis y que tal vez no habiendo tomado las mejores decisiones para enfrentarlas aún tienes la oportunidad de hacerlo.

Si respiras, es una muy buena señal para que entiendas que hay asignaciones en ti que tienes que cumplir y otras que tienen que cumplirse en ti de acuerdo con la voluntad de Dios.

Desde que nacemos emprendemos este viaje de maneras diferentes. Muchos crecemos con personas que nos van guiando; otros nos ayudan a alinearnos y otras veces nos toca simplemente crecer formándonos en el trayecto. Lo que firmemente puedo asegurarte es que junto contigo también nace un objetivo, no una casualidad. Por ejemplo, **Éxodo: 2** en adelante, nos presenta la vida de Moisés, cuyo nombre proviene del hebreo que significa "salvado de las aguas". Podemos ver en el texto que en aquel tiempo, el rey de Egipto les ordena a las parteras dar muerte a todos los niños que nacían en la tribu de Leví con el fin de que el pueblo de Israel no se multiplicara, ni tampoco se hiciera más fuerte y siguieran sometidos a su esclavitud. Pero, había propósito de Dios con el pueblo de Israel a través de la vida de Moisés, pues él permitió no tan solo que Moisés naciera, sino que fuera llevado en una canasta por las corrientes del Nilo. Depositó su gracia sobre aquel niño para que justamente la hija del opresor, aquel que quiso eliminar a los niños, aceptara acogerlo en el palacio como lo hizo, permitiendo que este creciera y se formara como un monarca de Egipto. Esto era parte de la preparación que iba a necesitar Moisés más adelante, porque sin saberlo era el elegido por Dios, ya que había nacido para liberar al pueblo de la esclavitud y guiarlos hacia la tierra prometida.

Esta pequeña reseña de la vida de Moisés nos muestra que todos tenemos un objetivo que cumplir y que hay diferentes maneras en la que Dios se manifiesta y actúa en nuestras vidas, aunque en ocasiones pareciese que todo está perdido. Para un pueblo que cree, persevera y clama esto no sería más que una señal de que Dios actuaría de alguna manera. Si bien este pueblo sometido al yugo de la esclavitud temía, ignoraba que en Moisés había nacido la respuesta a sus oraciones sinceras, dirigidas al corazón de Dios. A la madre de Moisés no le quedó otra opción que actuar y tomar la rápida decisión de desprenderse de su hijo y soltarlo en las aguas para salvar su vida, evitando así que fuera sacrificado. Ella fue el instrumento que dio inicio a la gran misión en la vida de Moisés para que se lograra el objetivo por el cual fue llamado.

Cuando somos guiados hacia nuestro destino, Dios mismo usa las llaves necesarias para que se abran las puertas específicas que forjarán el camino perfecto que él ha dispuesto. Nada podrá interrumpir lo que Dios dijo que va a hacer en ti y a través de ti, pues él es quien fija tanto el querer como el hacer en las mentes y en los corazones que serán usados como instrumentos en el trayecto.

La clave de este pueblo fue mantenerse firme en el Señor, pues a pesar de sus padecimientos ellos tenían la convicción de que Dios haría algo en medio de la dificultad que estaban viviendo.

No se rindieron, sino que eligieron creer lo que sus ojos naturales todavía no podían ver, confiando en lo que sus ojos espirituales visualizaban. Al saber esperar para recibir su anhelada libertad, emprendieron el nuevo camino que les auguraba como destino, la tierra prometida.

Esto puede hacerte reflexionar sobre el hecho de que desde antes que te formaras en el vientre de tu madre, ya eras parte de un plan divino, pero eres tú quien debe atender a su llamado y atreverte a dar el paso, estar dispuesto a iniciar un nuevo comienzo con la guía de un Padre que te ama, que te ha elegido para vayas de su mano mostrándote los posibles caminos a seguir: **"Antes de que yo te formara en el vientre de tu madre, ya te conocía, antes de que nacieras, ya te había elegido para que fueras un profeta para las naciones"** (Jeremías 1:5).

Podemos ver también como ejemplo la dirección de Dios en la vida de David (segundo rey de Israel). El pequeño en tamaño, menor de ocho hermanos y el único entre ellos que no era guerrero, sino que se dedicaba a pastorear en el campo las ovejas de su padre, igualmente en aquel lugar estrechaba su relación con Dios y se preparaba en lo espiritual, pues aquel joven con su arpa se deleitaba tocando y creando canciones para Dios, buscándole en toda oración. En muchas ocasiones le tocó enfrentar a aquellos animales enormes que se acercaban queriendo devorar las ovejas. Él veía siempre cómo Dios lo ayudaba. En cada uno de estos violentos encuentros clamaba y Dios le libraba de caer en la boca de los leones y las garras de las fieras, pues David era un varón conforme al corazón de Dios y siempre era escuchado por el Señor recibiendo su respaldo **(1 Samuel 17 en adelante)**. David fue escogido por Dios y ungido por el profeta Samuel para ser rey. Mientras todos pensaron que David por su apariencia no era el elegido por Dios, ya que era el menor y además se dedicaba a cuidar las ovejas de su padre, por lo que entendían que no calificaba para tener esa magnífica asignación, el Señor le sustentaba porque en su corazón era fiel.

A diferencia de Dios, las personas juzgan por lo que ven por fuera y muchas veces basan sus elecciones en algún interés: un buen perfil, capacidad, preparación intelectual, logros, apellidos, fama, y por las diferentes cosas que esa persona representa, mientras Dios solo ve, todo lo que hay en tu interior: **"Pero el Señor le dijo: «No te dejes llevar por su apariencia ni por su estatura, porque éste no es mi elegido. Yo soy el Señor, y veo más allá de lo que el hombre ve. El hombre mira lo que está delante de sus ojos, pero yo miro el corazón.»"** (1 Samuel 16:7).

En un momento el pueblo de Israel se sentía amenazado y aterrorizado a causa de un guerrero enorme filisteo llamado Goliat. Este se pasó 40 días visitando el pueblo, logrando acobardar a todos los guerreros Israelitas con el fin de debilitarles para entonces invadirlos y apoderarse de todo el territorio. Pero, David, escuchando los desafíos con que este filisteo hablaba y al ver que ninguno se atrevía a luchar contra este gigante, reaccionó con valentía y decidió enfrentarlo recordando que contaba con el mismo que le auxiliaba cuando peleaba con aquellas bestias del campo. Con esa confianza y esa fe en Dios, fue el único que se ofreció. Sin importarle que otros lo menospreciaran, se empoderó. No mostraba miedo, pues sabía que su Dios fiel le estaría acompañando en esta gran batalla, y así fue, tanto que con el golpe de una sola piedra logró vencer a Goliat haciendo que el pueblo glorificara a Dios. Pero su victoria no la causó la piedra, ni la fuerza, sino el tamaño de su fe, lo que le hizo alcanzar la victoria en el nombre del Señor.

Al igual que David, tú eres un elegido. Eres a quien Dios quiere dirigir y formar en medio de lo simple y lo complejo de tus circunstancias, para sacar el valiente que vive en ti. Esto depende de cómo te permitas ver los obstáculos que te presente el camino o que fe quieras tener para librar tus batallas. Aquello que creías imposible puede ser la mejor señal para descubrir que Dios hace posible todo lo que dejas en sus manos y con esto te das cuenta de que lo que sacas de adentro te hará recibir tus victorias.

Para nuestro Padre somos más valiosos que el oro y debemos ser probados como tal. Si confiamos en él, saldremos aprobados como piedras preciosas con más valor, porque grande fue el precio por nosotros, el cual fue saldado con la muerte de Cristo Jesús.

Es necesario buscar del Señor para que, al igual que David, utilices los instrumentos que Dios ha puesto delante de ti. David usó el arpa para alabar y cantar a Dios con Salmos que permanecen en las sagradas escrituras, que llenan nuestras vidas de esperanza y cada vez que los leemos fortalecen nuestra fe. En ellos vemos muestra de la fidelidad Dios y las maravillas que hace cuando nos dejamos dirigir por él. De la misma forma, tú puedes activar tu don. Usa eso que Dios ha puesto en ti, eso que te destaca y en lo que eres bueno. Eso que haces bien entrégalo a Dios, que él va a ir perfeccionando tu talento conforme le conozcas y le busques. Esto hará que el Espíritu de Dios tome tu dirección, sea tu guía, te abra puertas de bendiciones y te dé la luz que necesitas cuando te sientas tinieblas o turbación, siendo él tu protector, glorificándose en todo.

Cuando te entregas al Señor hay una convicción interna que se revela y te va dando a entender cuál es su voluntad para ti: **"Como**

aguas profundas es el consejo en el corazón del hombre, más el hombre entendido lo alcanzará" (Proverbios 20:5).

Cuando indagas en su palabra, es que vas conociendo el tesoro que hay delante de ti. Conforme vayas alimentando tu fe, te va ir señalando lo que ha destinado para ti. Invítalo a que esté siempre al frente de tu vida, obrando en tu asignación, llenándote de conocimientos. Te invito a que te dejes llevar por él. Ahí está la clave de tu éxito en todo lo que hagas; es por eso que el modo en el que inicias no determina la forma en la que terminas. El hecho de que David iniciara su vida como pastor de ovejas no determinó que su vida siguiera de la misma forma, pues su destino era ser rey.

En estas dos vidas, tanto en la de Moisés como en la de David, hay dos historias diferentes, sin embargo, nos damos cuenta de que Dios tiene planes de bien para aquellos que se entregan en sus manos. Vemos que él es quien toma el control, nos capacita y nos respalda para hacer cosas grandes en su nombre, de acuerdo a su voluntad. Como dice **Jeremías 29:11 "Pues conozco los planes que para ustedes tengo, dice el Señor. Son planes de bien y no de mal, para darles un futuro y una esperanza."**

Vuélvete diferente al mundo existente. Toma la señal que Dios te da y con su ayuda puedes ignorar todo aquello que te hace cuestionar. Atrévete y suelta lo que piensas que es imposible soltar. En las manos de Dios es la única forma en que puedes avanzar y recibir lo que es tuyo para vivir en la plenitud de Cristo, teniéndolo cerca viendo cumplir en ti cada una de sus promesas.

- 33 -

CAPÍTULO III

Lo necesario para avanzar

En algún momento de tu vida quizás decidiste como primera opción confiar en tus fuerzas para el logro de tus metas. Puede que hayas probado y hayas buscado todas las alternativas para salir hacia adelante y verlas cumplirse, pero en algún punto, sientes que no tienes lo que realmente esperabas o simplemente resultó lo contrario a lo que te dispusiste a lograr. Es que cuando surgen tantas búsquedas e intentos de alcanzar triunfos, premios, logros, felicidad en la perfección que deseas, en lo que ya tienes y en lo que quieres, al final resulta que solo agotas todas tus fuerzas humanas, te desgastas creyendo en ti mismo o creyendo en otros para poder lograrlo. Cuando obtienes méritos, quieres conseguir más y sientes la necesidad de mucho más, lo que te va creando un vacío que necesitas llenar con el fin de sentirte pleno, pero sucede todo lo contrario, se hace más hondo, te sientes más solo y más vacío. Cuando no se te da lo que esperas, te frustras, te marcas, te tronchas porque piensas que tienes la capacidad suficiente para resolver todo lo que acontece en tu vida y en los tuyos y cuando no lo consigues, lo que haces es confundirte. Confías en tu propia inteligencia, en tus posesiones y en tus tantas estrategias humanas lógicas, pero totalmente imperfectas, que te llevarán a una carencia interior mayor y más profunda, donde puede afectarte y causarte dolor e impotencia, y con ello inconscientemente puedes ir alimentándote con malos deseos, sentimientos y pensamientos que no están alineados a la voluntad de Dios, haciendo que pierdas el control en tu vida, salirte por ese carril intransitable que Dios no quiere que elijas.

La buena noticia es que Dios es perfecto. Llegó el tiempo en el que tienes la oportunidad de hacer un alto para renunciar a conductas inadecuadas, costumbres pasadas que solo traen culpas, engaños y frustraciones que muchas veces torturan tu mente y quieren confundir tu corazón, hasta que tomes la decisión de ceder el timón de tu vida a Dios y le entregues por entero tu corazón. Renuncia a lo viejo y a la vida pasada. Ahora ya no te tiene que gobernar el mundo, la gente, los teneres ni lo que piensas que te hace falta, más bien permite ser liderado por Dios, quien te recibe y te espera con todo su amor, quien es capaz de llenar tus vacíos y completar tu vida, porque fue él quien te escogió y te llama a seguirle para convertir tu lamento en canciones de victoria en Cristo, siguiendo la luz de vida que está en él: **"De nuevo les habló Jesús: Yo Soy la luz del mundo, quien me siga no caminará en tinieblas, sino que tendrá la luz de la vida"** (Juan 8:12).

Antes de agotar todos tus recursos humanos primero recurre a Dios, busca primeramente a Dios y su justicia y todas las demás cosas serán añadidas **(ver Mateo 6:33)**. Que ir al Señor sea tu primera opción en todos los momentos y antes de tomar cada decisión importante en tu vida.

Pon en manos de tu creador y Señor cada paso que vayas a dar, apropiándote de sus promesas. Permite que sea él quien dirija tus pasos para hacer su perfecta voluntad y así puedas avanzar en lo que fuiste llamado.

Entrégale tu pasado para que él te forme en lo nuevo que ha puesto para ti. Haz que aquel que te llamó te lleve a nuevos senderos, ilumine tu caminar y te tome de su mano, porque cuando Cristo entra en tu corazón, la tristeza sale, te renueva, te limpia, te sana interiormente, cambia tu confusión por convicción, y empiezas tener una vida con dirección: **"De modo que, si alguno está en Cristo, nueva criatura es; las cosas viejas pasaron; he aquí, todas son hechas nuevas" (2 Corintios 5:17)**. Bríndate la oportunidad de vivir verdaderamente.

Es preciso hacer que cambie lo que se desvanece por lo que prevalece, lo incierto por lo que realmente es cierto, lo que es vano por lo que es duradero, lo inseguro por lo seguro, aquello que perece por lo que es eterno, lo oscuro por lo que es luz, porque donde está tu tesoro allí está tu corazón.

Permíteme preguntarte: ¿Ambicionas algo en estos momentos? No está mal querer superarte, tener metas, lograr objetivos, ser próspero, cuidar tu cuerpo para tener salud y lucir bien, ser diligente con el fin de tener una reserva para un futuro, amar a tus familiares, aspirar cosas lindas en la vida, todo esto es bueno y Dios quiere que prosperes. Pero, ¿en qué lugar de todo esto está Dios en tu vida? Cuando empiezas a poner en manos de Dios cada uno de tus proyectos, todo fluye de manera diferente. Es tu Padre celestial que te ama y quiere usarte. Es mejor que sea aquel que todo lo creó, que todo lo puede, el que vaya delante de ti abriendo las puertas necesarias en el tiempo perfecto para bendecir tu vida, que sea primero tu centro y el tesoro más preciado en tu corazón, para que lo veas en todo lo que hagas y en cada tiempo: **"Sobre toda cosa, guarda tu corazón; porque de él mana la vida" (Proverbios 4:23).**

No quieras amontonar, coleccionar e idolatrar cosas costosas y de alto precio, porque realmente son perecederas y sin valor, cuidado con enfocarte solamente en lo material, pues te quita tiempo de paz, te puede causar angustias y puedes hacerte esclavo de ello: **"No acumulen ustedes tesoros en la tierra, donde la polilla y el óxido corroen, y donde los ladrones minan y hurtan. Por el contrario, acumulen tesoros en el cielo, donde ni la polilla ni el óxido corroen, y donde los ladrones no minan ni hurtan. Pues donde esté tu tesoro, allí estará también tu corazón" (Mateo 6:19-34).**

La Biblia nos enseña que solo debemos aferrarnos a lo que verdaderamente permanece para siempre, que es la palabra de Dios. En ella se encuentran las instrucciones para caminar rectos ante él. Es la lámpara que alumbra nuestros pies para guiarte y a la vez apoderarte en cada tiempo. Hallarás en ella verdad y claridad en su contenido, tanto en el Antiguo como en el Nuevo Testamento. Es la mejor herencia que por gracia podrás recibir, pues cada texto te impulsará a seguir y no rendirte, sino más bien a permanecer en él. Aprenderás a depender y estar pegado a él.

En las sagradas escrituras están las promesas que impregnan esperanza a cada uno de los que han dado entrada a Cristo en sus corazones, entregándole sus vidas en obediencia, perseverando en sus instrucciones, logrando aumentar su fe y andar en su voluntad sintiendo la certeza de ir acompañado siempre por él. **"Por tanto, Jesús decía a los judíos que habían creído en él: Juan 8:31-32 "Si ustedes permanecen en mi palabra serán verdaderamente mis discípulos; [32] y conocerán la verdad, y la verdad los hará libres"**

En el Nuevo Testamento de las sagradas escrituras, encontramos al apóstol Pablo (antes llamado Saulo) quien nos deja escrito trece libros, donde nos habla de cómo su vida fue transformada y con ella nos evangeliza. Vemos que la conversión de Pablo fue tan impactante que cuando Dios se encontró con él hasta su nombre le cambió, pues en su vida pasada él estaba seriamente en contra de los cristianos, los atacaba y los perseguía. Mientras el Señor veía lo que él hacía, sabiendo que había un llamado para su vida. Pablo siempre estuvo dentro de los planes de Dios. Quería transformar su vida y usar su gran potencial, destacando el don de profeta que llevaba dentro, con el fin de instruir en vez de atacar, encaminar en vez de perseguir a su pueblo y después dejar un legado a la iglesia que significó un antes y un después.

La fe viene por el oír y el oír por la palabra de Dios. Por eso, escudriñar la palabra nos enseña, nos fortalece, nos renueva, nos permite transmitir a través de nuestra transformación el mensaje de salvación y las buenas nuevas de paz, para la liberación y sanación de todo aquel que nos rodea, mientras unimos nuestras vidas con la de Cristo, quien llena nuestros vacíos, carencias. Es a través de nuestra conversión entonces, que predicamos con nuestro testimonio, haciendo ver que en él hay esperanza, porque lo que es imposible para el hombre, es posible para Dios.

No te imaginas lo que Dios puede hacer por un corazón que se rinda y se entregue humillado a él, es increíble cómo actúa el Señor aún en momentos que crees que no hay formas ni posibilidades de recibir algo grandioso, pues puedo darte testimonio que todo lo que soy y lo que tengo en mi vida ha sido porque Dios ha acogido mi vida en sus manos, por su gracia y su misericordia ha respaldado mis pasos, porque aún sin tener nada me ha dado todo lo que por mis propias fuerzas sería imposible lograrlo.

En ocasiones el panorama del momento te dice es imposible y en ciertas situaciones hasta llegas a creer que ya es el fin, pero cuando en vez de tirar tu fe, descansas en él le entregas tus fuerzas, es cuando entonces él grandemente se manifiesta. Porque Dios es fiel y si vives para él, entonces jamás serás desamparado, recibirás todo lo que necesitas y todo lo que conviene a tu vida en gozo, paz y esperanza, nunca dejes de creer porque su reloj macará el tiempo justo para que veas su perfecta voluntad cumplirse en ti.

Tener el privilegio de levantarte cada mañana y recibir la misericordia del Señor en tu vida es una oportunidad maravillosa. Aunque te encuentres con circunstancias difíciles mientras transitas el camino de la vida, siempre será más fácil cuando las presentas en oración a Dios para poder avanzar, y que tus peticiones le sean conocidas al hablarle con toda entrega y sinceridad, porque Dios desea tener una relación estrecha contigo a través de tu dialogo con él.

Jesús es nuestro modelo a seguir. Él tenía un estilo de vida basado en la oración, dejándose guiar de Dios padre. No hacía nada sin antes consultar a su Padre, pues sabía que su propósito debía cumplirse caminando bajo la cobertura y la anuencia de Dios **(ver Marcos 1:35).** Así mismo, cuando tu vida depende de Dios, él te da las fuerzas necesarias para seguir adelante, te mostrará y te encaminará a la luz, te dirigirá a tomar buenas decisiones y a hará en ti lo mejor de acuerdo a su voluntad, posicionándote en lugares establecidos por él y en la medida que te mantengas en comunión con él. Además, da conocer las respuestas a tus inquietudes y necesidades, es por eso que debes mantener el contacto en todo tiempo y en todo lugar con tu Señor. No te descuides en tu oración más bien mantente activo, no desmayes sino espera en él para recibir lo que pidas de acuerdo a sus propósitos, manteniendo la fe sin queja y sin lamentaciones, sino creyendo en sus promesas: **"Y todo lo que pidáis en oración, creyendo, lo recibiréis" (Mateo 11:24).**

Entrégale tus pensamientos y tus sentimientos mientras te conduce por el camino del cumplimiento de su propósito para tu vida, como dice **Proverbios 3:6 "Reconócelo en todos tus caminos, y él enderezará tus veredas".**

CAPÍTULO IV

Refugio seguro

Una vez, manejaba hacia mi trabajo con el tiempo encima. En un momento me detuve y casi decido cruzar un semáforo mientras este cambiaba a rojo. En ese preciso momento sentí en mi corazón una rápida reflexión de parte de Dios, diciéndome que muchas veces es mejor esperar para poder avanzar: si cruzas te retrasas. Lo que inmediatamente interpreté como que, si no obedecía, podía provocar un accidente y sería mayor el daño y el retraso que yo misma podía ocasionar en vez de lo que quería lograr.

Fue entonces cuando entendí que a veces hay que reducir la velocidad de la vida para poder apreciar a Dios en el camino y al mismo tiempo agregar valor en la vida de los demás. En ocasiones, no frenar podría ocasionar que pierdas el tiempo cuando necesitas avanzar. En mi caso, entendí que cuando nuestras vidas dependen de él, nuestros tiempos estarán más que seguros en sus manos. Con esto te invito a reflexionar en el hecho de que hay acciones y decisiones que muchas veces retrasan las bendiciones. Que la espera no te desespere. Procura apreciar el tiempo entregándole tus planes y proyectos al que abre sendas para que no te detengas.

Dios abre puertas para bendecirte que nadie puede cerrar, pero de la misma forma también cierra puertas que nadie puede abrir con el mismo fin. Cuando haces de Dios tu refugio, agradeces, tanto si te responde con un sí como si te responde con un no. Los Sí de Dios son tan buenos y poderosos como los No.

Él siempre va a obrar a tu favor. Nunca te va a complacer con algo que al final te haga daño, tampoco te va a entregar algo fuera del tiempo en el que te corresponde recibirlo. Él es tu Padre y te va a cuidar, te va a dar, te va a quitar, te va a poner y te va a entregar cosas, siempre y cuando te convenga y traiga consigo resultados de bien para ti y para otros a través de ti. Mientras perseveres en sus caminos, siempre te mostrará por dónde debes andar, te cubrirá de su gloria donde quiera que vayas porque él no puede negarse a sí mismo y seguirá siendo fiel en el cumplimiento de sus promesas en ti.

Él es el que pone lo que hace falta, quita lo que resta y muchas veces nos pide de vuelta cosas que nos ha dado, porque las bendiciones que Dios da, no pueden estar por encima de él. Por eso es que Dios debe estar sobre todas las cosas en nuestras vidas, siendo nuestro principio, nuestra fuente, nuestro norte, nuestro sustento, nuestra esperanza, nuestro abogado, nuestro sanador, nuestro suplidor, nuestro guía y nuestro refugio protector. Él debe ocupar el primer lugar y estar en el primer tiempo de nuestros días.

Él conoce cada una de tus necesidades y sabe lo que padeces, lo que te hace falta, por eso nos dice Pablo en **Filipenses 4:19**

"Mi Dios, pues, suplirá todo lo que os falta conforme a sus riquezas en gloria en Cristo Jesús". Es de sabios tomar la decisión de depender de él en todo lo que vayas a hacer, todo lo que quieras emprender y lograr, tanto en los tiempos de abundancia, como en los tiempos de escasez, incluso cuando se presenten los tiempos de crisis, de dificultad, y desafíos en los que nos toca atravesar situaciones duras, donde hay sequía, vientos fuertes y tempestad. Aunque nuestra fe sea del tamaño de un grano de mostaza, podemos mover nuestras montañas, solo hace falta que creas que Dios está presente y te dará la victoria. ¿Qué tan robusta está tu fe? ¿Tienes la certeza de saber que él tiene el control?

En **Mateo 4:35,40** encontramos que estaban en la barca Jesús y sus discípulos, cruzaban al otro lado del lago, pero se había desatado una tormenta, con un viento tan fuerte, que golpeaba sobre la barca, mientras Jesús dormía en la parte de atrás, los discípulos fueron a despertarlo, estaban asustados y exclamaban atemorizados: ¡Maestro! ¡Maestro! ¿No te importa que nos estemos hundiendo? Justo en ese momento, Jesús se levantó dando una orden de silencio al viento y al mar. Cuando todo volvió a la calma, les hizo dos preguntas a sus discípulos: ¿Por qué están asustados? ¿Todavía no tienen fe?

Así mismo sucede en nuestras vidas. Se desatan situaciones disfrazadas de tormentas y vientos fuertes, para probar nuestra fe, pero tenemos que creer que Dios está en nuestra barca y tal como en el relato anterior, no permitirá que naufraguemos, porque aunque parezca que él está dormido. Él está presente y va con nosotros en todo momento. No importa la situación que quiera golpearnos. Si nos mantenemos firmes en la fe, tendremos la certeza de que la tempestad pasará y que todo se calmará.

Cuando dependemos de él y clamamos poniendo en sus manos los tiempos, por fuertes que sean, llegarán para fortalecernos, porque no dejará al justo desamparado, este verá su promesa cumplirse. Quizás no siempre cumplirá tu promesa de acuerdo a lo que dibujaste en tu mente, ni a la hora exacta que lo quieres, porque tu respuesta no es dada por lo que estás viendo, sino por lo que estés creyendo de acuerdo a tu fe. Él sabe siempre qué es lo mejor y lo más provechoso para ti. Como dice **Mateo 7:11 "Pues si ustedes, siendo malos, saben dar cosas buenas a sus hijos, ¿cuánto más su Padre que está en los cielos dará cosas buenas a los que le piden?"**

Pasar por ciertas situaciones en la vida será parte de tu proceso, para enseñarte, hacerte crecer, para ayudar a transformarte y moldearte como vasija de barro en manos del alfarero.

Hay personas a las que nos gusta hacer algún deporte como practicar softbol, ciclismo, futbol, tenis, entre otros tantos. Quienes lo practican con disciplina logran un objetivo, así también todo aquel que ejercita su fe, sigue sus principios y anda conforme anduvo Cristo, siendo justo, practicando el evangelio de la paz, caminando sustentado en la promesa de su palabra que nos dice que el justo por su fe vivirá.

Aquel que gana una carrera es el que no se rinde y si Dios ha permitido que estés recibiendo su mensaje de salvación es porque puedes tener la convicción de saberte victorioso en Cristo, sin necesitar evidencias, sabiendo que Dios trabaja a tu favor para sacarte de la tiniebla a su luz. Él te llama, te ama y debes entregarle toda tu confianza en cada situación, haciendo también tu parte, poniendo por obra lo que te corresponde hacer a ti, porque la fe sin obra es muerta **(ver Santiago 2:14).** Por eso, debemos esforzarnos y ser valientes como Dios mandó a Josué a serlo, porque valdrá la pena ver conquistadas tus promesas y ver cumplirse lo que Dios dijo para ti.

Cuando la duda y el temor te aborden, deséchales y no permitas que tomen el control y el poder de llevarte a su terreno. Tampoco prestes atención a lo que escuches alrededor, porque el objetivo de eso es distraer tu mente, haciendo flaquear tu fe y desviando el norte hacia donde tienes que llegar. Recuerda que Jesucristo es tu respaldo, es quien va delante de ti, es el que le ordena silencio a la tempestad, al viento dice ¡hasta aquí! Ambos tienen que someterse y obedecerle, por lo tanto, deja que tu fe sea más grande que tus miedos.

Si nos queda un poquito de fe, servirá para recordarnos que todo aquello que tenga la intención de asustarnos debe detenerse, que las pruebas no nos pueden manipular, que no le damos el permiso a las dudas ni a las preocupaciones para dominar, ni a enfermedades, ni a amenazas. No hay espacios ni brechas por donde pueda filtrarse el miedo o temor, porque si hemos declarado con nuestra boca, mente y corazón que Cristo es el dueño de nuestras vidas y sabemos que contamos con su cuidado, entonces al final veremos su fidelidad manifestarse haciéndonos entender que todo obra para bien, para los que aman a Dios.

Nuestra fe debe ir en aumento. Haremos que nuestra vista vea más allá de nuestros ojos, porque él es nuestro norte y si él está permitiendo algún padecimiento en nosotros es porque es preciso que eso acontezca. Tener la confianza de que ese cáliz producirá algo mejor con la firmeza de creer en su poder, teniendo la plena seguridad de que eso nos llevará a otro nivel de fe.

En el libro de Hebreos nos muestra que la fe es la certeza de lo que se espera y la convicción de lo que no vemos. Este verso nos afirma que Dios tiene el control. Cuando tenemos la seguridad y el convencimiento de que él es nuestro fundamento, viajamos convencidos de que todas las estaciones de nuestras vidas traerán bendiciones mayores.

Cuando tenemos a Dios como nuestro refugio seguro, entendemos que obrará en nosotros de diferentes maneras. Lo explicaré a través del siguiente ejemplo. Antes de que el pueblo de Israel fuera liberado de la esclavitud, Dios había enviado un mensaje al faraón de Egipto para que dejase libre a su pueblo. Luego de su rotunda negación, Dios trató con él enviándole diferentes tipos de plagas, con el fin de que tuviera un cambio de parecer para este creyese en su palabra. Mientras tanto, el pueblo de Egipto recibía una y otra plaga. Ante estos hechos, el pueblo de Israel esperaba paciente en Dios, siendo obedientes, manteniéndose encerrados tal como les había encomendado el Señor, aguardando la instrucción para salir rumbo a la tierra prometida. Así fue recibiendo Egipto diez plagas, una más fuerte que la otra, aun así, se resistía el faraón y se negaba a libertarlos, hasta que al final Dios permitió que fuesen liberados y que pudieran salir de allí.

En este relato vemos que la misericordia de Dios se extiende hasta aquellos que no lo reconocen como Dios y menos como Señor de sus vidas. Con cada plaga que fue enviada a Egipto hubo un llamado al cambio y al arrepentimiento, pero al faraón no aceptar, recibía las calamidades que les azotaba, mientras Dios a su pueblo les libraba para que esas plagas no les tocaran. También nos muestra que Dios siempre da oportunidad de cambio para aquellos que no lo conocen. Esto nos deja ver la fidelidad de Dios, cómo pelea a favor de sus hijos, defendiéndonos y librándonos de muchas cosas. Cuando nos sometemos a su voluntad, su fidelidad es grande, sobre todo con aquellos que también son fieles y obedientes durante la espera.

Depender de Dios es entregarle el timón de tu vida para que dirija tus senderos, siendo dueño de tu destino, sometiéndote a su voluntad, porque para que veas sus grandes propósitos en ti, es necesario acudir a su constante búsqueda a través de su palabra y la oración. Toma potestad de tu vida en todos los tiempos, en los de gozo y aflicción, en los de siembra y de cosecha, contigo estará y te acompañará en todas tus decisiones. El Espíritu Santo te indicará siempre qué hacer y qué no hacer. No importa en qué situación que te encuentres, porque tu peor temporada te prepara para tu mejor momento.

Él te conoce y sabe cuándo ríes con ganas de llorar, pero también sabe cuándo lloras con ganas de reír. Los resultados de tus batallas van a ser mejores teniéndolo a él. Cuando tu relación sea constante y firme en el Señor, él te permitirá recibir lo que sea conveniente para ti. Dios fue quien te diseñó y sabe lo que es mejor. No tienes que depender de la opinión de una persona que también tiene fallas, porque cualquier cosa que recibas sin valor te puede afectar. Tampoco te fíes de ti mismo porque el sentir de tu corazón podría ser engañoso y no obtendrás un buen resultado, más bien fíate del Señor que es todo poderoso quien alumbrará y te guiará en tu camino.

Recuerdo una mañana donde empecé a orar antes de irme al trabajo. En un momento nació en mi espíritu una forma insistente y ferviente de pedirle al Señor que me librase de ataques del maligno en ese día. Le empecé a decir al Señor en mi oración que tomase el control de cada segundo y de todo cuanto aconteciera en el transcurso del tiempo. Terminé la oración dando gracias.

Cuando llegó la hora del mediodía, surgió una controversia repentina en mi trabajo en la que escuché que una persona que no era bienvenida había entrado a la oficina y asumieron que yo era la responsable de haber permitido su acceso. De pronto, se me acusaba de un hecho que no me correspondía de acuerdo a mis funciones, sino al personal que se encontraba presente en ese momento. Posiblemente era más fácil descargar toda la responsabilidad en la persona que para ellos podía haber evitado aquel imprevisto.

Como cristianos, hay ocasiones en las que es importante saber que cuando enfrentamos ciertas luchas no estamos enfrentando a la persona en sí, sino a quien los manipula a ellos. Tal como dice la palabra en **Efesios 6:12 "Porque nuestra lucha no es contra la carne y la sangre, sino contra los principados, contra las potestades, contra los dominadores de este mundo tenebroso, contra los Espíritus del Mal que están en las alturas"**.

La realidad es que el adversario usa a quien se deja usar, a aquellos de fe débil, por lo que en este caso quiso burlarse de mí valiéndose de algunos de ellos, haciéndome sentir culpable de lo que había acontecido.

Luego de presenciar este escenario, me tocó salir de la oficina e inmediatamente cuando entré en mi vehículo comencé a llorar desconsoladamente y entre sollozos le reclamaba a Dios, entendiendo que él sabía que yo había orado exactamente por eso, sin tener la menor idea de que iba a pasar algo similar. Porque él había puesto en mi corazón la inquietud de hacerle esa petición en esa mañana de una forma instantánea e insistente, diciéndole que me librara de todo dedo acusador. Entonces, yo no entendía por qué no me libró ni por qué estaba permitiendo que pasara por eso. Me sentía atacada porque me acusaban. Con gritos oraba y le decía:

¡No entiendo nada! ¿Dime porqué permites que sea avergonzada y que me quieran culpar de lo que ellos mismos hicieron? Dime y ¡respóndeme ahora mismo! Exclamaba: ¿Dime entonces para qué y quiero que me digas cuál es entonces, el camino que debo tomar, para qué permites esto?

En ese momento empecé a limpiarme las lágrimas que corrían por mi mejilla y decidí ponerme unos lentes oscuros con el fin de disimular el rojo de mis ojos llorosos, pero al sacarlos del estuche cayó en mi mano una tarjetita que no recordaba. Llevaba años ahí guardada. Tenía escrito un versículo bíblico que decía lo siguiente: **Isaías 48:17:" Así ha dicho el Señor tu redentor, El Santo de Israel: Yo soy el Señor tu Dios que te enseña provechosamente y que te conduce por el camino que has de andar"** Fue impresionante para mí recibir esa respuesta precisa, tan rápida, misteriosa y efectiva. Me di cuenta de que es tan sabio mi Señor. Aquella vez había guardado esa tarjetita que ponía de nuevo, justo ese día en mis manos.

En ese tiempo no sabía ni entendía qué significaba ese versículo, pero él sí sabía que sería una respuesta para un día especifico y que yo lo entendería y recibiría en la hora indicada. Lo más sorprendente era que él me respondía con las mismas palabras que yo le reclamé. Nuevamente empecé a llorar, pero esta vez de alegría, por ver su gloria manifestada en esa respuesta tan precisa con la que me hacía ver que actúa de formas maravillosas, aunque al inicio no comprendamos muy bien la forma en la que suceden las cosas.

Al ver que él estaba tan cerca, se gozaba mi alma, entonces le pedía perdón y le daba gracias. Mi corazón se llenó de una alegría indescriptible al saber que lo ocurrido era parte de sus planes y que él estaba conmigo en todo momento. Me hacía entender con esto que me preparaba para crecer, ser más fuerte y aprender a conocerle y a confiar en que no estaba sola; él iba conmigo.

¿Ves cómo se manifiesta Dios en lo sencillo cuando le crees? Cuando le entregas tu vida y el alma, él te va indicando por dónde ir. Le pedí perdón por la forma en la que le había hablado y por la actitud que había tomado para hablar con él y luego le di gracias infinitas por ser un Padre de amor.

Cuando llegué a la oficina nuevamente, todo había quedado ahí. Nada de lo que hablaron tubo ningún tipo de validez. Eso no prosperó, por lo que se desvaneció el argumento de mis acusadores y me quedó la experiencia, el gozo de sentirle, de ver actuar a mi Señor. De la misma forma no me permití sentir ningún tipo de resentimientos hacia ellos, más bien quise mostrarles el bien con amor y misericordia.

Así de forma sencilla él nos enseña que aquello que nos parece mal, lo permite para el bien de nuestras vidas y con ello aprendemos a ser fuertes y valientes, porque al final producirá algo mucho mejor. Aquellos que te acusaron creyendo que llegarán a lograr grandes cosas con su comportamiento deshonesto y lleno de malicia ante los ojos de Dios, serán cortados como hierbas secas. A pesar de todo, ellos vienen siendo instrumentos importantes para nuestras vidas, porque son usados para sacar lo mejor de nosotros. Aquellos que te hacen la guerra muchas veces son los que te empujan y te sirven de ayuda para ser mejor, al final tú les dejas ver que Dios contigo va, por el testimonio de tu vida, tus buenas acciones y tu correcta conducta. Esos que te quieren hundir en el camino son los primeros en ver tu destino, que luego se avergonzarán de su proceder, automáticamente harán una introspección y sabrán que necesitan hacer un cambio en sus vidas renunciando a las malas acciones e invitando a Dios a ocupar su corazón para ir sanando, limpiando y aprendiendo. Por eso siempre perdona de corazón y ama sin rencor como nos enseña Jesús en **Mateo 5:43: "Ama a tus enemigos, bendice a los que te maldicen y perdona a los que te hieren."**

También es importante saber que para ciertas etapas de nuestra vida, Dios permite que entren personas puntuales con un objetivo puntual. Estas llegan sin darse cuenta con una función específica; a veces para impulsarnos a continuar hacia adelante hasta lograr nuestros objetivos o también para hacernos ver qué debemos corregir para ser mejores en el camino, pues con el estilo de vida que llevan vienen siendo esas piezas específicas para hacernos completar nuestra misión. Con el tiempo, sin darnos cuenta, estas personas se van alejando y desaparecen de tu historia, porque no son parte de tu destino, solo llegan a enseñarte y muchas veces para impulsarte. Muchas de estas personas simplemente son pasajeros de temporada en tu viaje, son necesarios hasta que llegan a su parada.

Experimentar todo esto realmente es parte de dejarnos moldear en manos del Señor y como vasijas en sus manos, nos damos cuenta de que tomar forma a veces duele. Pero, si es verdad que muchos querían verte en el piso, esos mismos tendrán que verte de pie, y no tan solo eso, sino que ellos mismos son los que más adelante tienen que saber que es Dios quien está obrando a tu favor. Por eso te buscarán y hasta demandarán de tu ayuda queriendo alcanzar también lo que tienes tú, pero es la gracia la que porta los dones, la luz solo se activa y se recibe a través de tu relación con Cristo. Dios pone por debajo al orgulloso, pero el humilde será enaltecido **(ver Proverbios 29:23).** Si nos dejamos moldear a la manera de Cristo, perseverando en el camino, seremos más que vencedores en él.

Somos humanos imperfectos, por eso necesitamos ser guiados por nuestro Padre del cielo que es perfecto. Podemos equivocarnos dando un mal paso, por eso debemos tener muy claro cuál es la diferencia entre cometer un error y tomar una decisión. Cometer un error es hacer algo sin tener idea de las consecuencias y los riesgos que eso pueda conllevar, mientras que tomar una decisión implica proceder estando totalmente consciente de los posibles resultados que eso te pueda traer.

Entonces, todo hecho tiene una consecuencia. Esos momentos en los que estás indeciso, inseguro, es donde más necesitas acercarte a Dios y buscar discernimiento. No des un paso sin antes doblar tus rodillas ante el Señor. Ve y busca la dirección de Dios previamente, busca su luz, espera su respuesta antes de tomar decisiones que te lleven a acciones o resultados equivocados.

Es de sabios, como Salomón, buscarle en oración y contar con su aprobación, porque mientras tengas el respaldo de tu Padre celestial siempre verás su mano obrar. Antes de todo busca su presencia, para que andes bajo su cobertura y su anuencia: **"Pon todo lo que hagas en manos del Señor, y tus planes tendrán éxito"** **(Proverbios 16:3).**

Muchas veces, por cometer un error las cosas que planeamos no salen como humanamente esperamos, pero nos da paz al saber que antes habíamos puesto los planes en sus manos y que si Dios permite que suceda algo en nuestras vidas es porque eso va a generar un resultado. Él trabaja en nosotros y muchas veces es a través de las pruebas que nos toca ser calificados por él. Cuando no entendemos, reaccionamos y le preguntamos por qué, hasta que en un punto, entiendes que sus pensamientos no son iguales a los tuyos y que sus planes siempre serán mejores.

Hay circunstancias en las que es mejor ver un poco más allá de la situación, pensando en el para qué en vez del por qué, con la seguridad y la convicción de que hay un motivo y una finalidad en cada cosa que nos ocurre. Dios obra de maneras que muchas veces no podemos entender en el momento, pero después se ha de manifestar a favor de sus hijos.

Cuando surgen cosas que no entendemos es mejor optar por poner toda tu confianza en lo que Dios ha dicho, creyendo en sus promesas porque Dios de alguna manera está haciendo su obra. Vemos en la Biblia la historia de José, hijo de Jacob, usado por Dios a través de los sueños. José fue secuestrado y vendido como esclavo por sus propios hermanos, causando esto mucho dolor tanto a él como a su padre. Viviendo como esclavo fue acusado, calumniado y encarcelado, pero había propósito en la vida de José. En medio de todo lo que vivió, nunca perdió la fe, tuvo que padecer muchos años encerrado, sin embargo, eso no impidió que perseverara en la fe y conservara un comportamiento digno allí donde se encontraba. Esto permitió que viera su sueño cumplirse y recibir la posición que Dios tenía para él, destacando su fidelidad, integridad y confianza. Dios cumplió lo que a José se le había revelado en sueños antes de ser secuestrado, y al final lo puso delante de aquellos hermanos que lo traicionaron y cada uno tuvo que reconocer que era Dios quien lo había llamado y que, a través de él, podían ser bendecidos y perdonados.

Ahí entendemos que es preciso mantener la convicción de que es necesario pasar por pruebas que procesarán nuestras vidas en cada situación y que estas son entrenamientos para mantenernos fuertes en la fe que nos hace permanecer en su llamado, aprovechando los desiertos de tu vida para encontrarte con él estrechamente y recibir su promesa. Nos hace conocer lo que quiere que aprendamos y con esto aun en lo difícil, nos hace capaz de sentir paz: **"Cualquiera, pues, que me oye estas palabras, y las hace, le compararé a un hombre prudente, que edificó su casa sobre la roca. Descendió lluvia, y vinieron ríos, y soplaron vientos, y golpearon contra aquella casa; y no cayó, porque estaba fundada sobre la roca"** (Mateo 7:24-27).

Mientras más lo buscas y más te acercas a él, más le conoces. La diferencia del cambio de ruta en tu dirección se va reflejando en tu nueva forma de hablar, de actuar, de ver las cosas sin juzgar, porque primero respetas la voluntad del Padre y empiezas a dejar a un lado tu razón humana. Cuando te toque pasar por procesos difíciles, en vez de dejarte caer y desmoronarte por la incertidumbre es mejor optar por confiar en Dios y levantarte, aprovechando los desiertos de tu vida para encontrarte con Dios, porque no te das cuenta de qué tan fuerte eres hasta que no tienes otra opción que ser fuerte.

Toda crisis genera cambios, pero mientras no pasa nada siempre estás contando con lo que tienes seguro. Sucede que te acomodas y te acostumbras, pero cuando llega el momento en el que ya no lo tienes te vez en la necesidad sacar fuerzas donde pensabas que no había ninguna y desarrollas lo que no sabías que tenías. De esta manera logras con valentía alcanzar tus metas y otras que irán surgiendo por el respaldo de Dios, mientras te mantengas creyendo y esperando en su tiempo perfecto.

Hay personas que se acercan a Jesús sintiendo la necesidad de experimentar un cambio en su vida y quieren conocerle de verdad, pero muchas veces, otros se acercan a Jesús solo por curiosidad. Aunque acercarse les produce esperanza, no persisten en sus caminos y le huyen al compromiso de vivir para él, aun sabiendo que por él existimos, que por él estamos vivos y nos da la oportunidad de emprender un nuevo comienzo a un viaje con destino.

En ti está la decisión de ser libre o ser esclavo. Vemos en la Biblia la historia de Nicodemo que era un principal entre los judíos. Se acercó de noche a Jesús admirándole y Jesús le explicó que para entrar en el reino de los cielos hay que nacer de nuevo y conversando con él: "**⁴ Nicodemo le dijo: ¿Cómo puede un hombre nacer siendo viejo? ¿Puede acaso entrar por segunda vez en el vientre de su madre, y nacer? ⁵ respondió Jesús: De cierto, de cierto te digo, que el que no naciere de agua y del Espíritu, no puede entrar en el reino de Dios ⁶ Lo que es nacido de la carne, carne es; y lo que es nacido del Espíritu, espíritu es**" (Juan 3: 4-6).

Es maravilloso escuchar a Jesús diciendo que naciendo de nuevo podemos entrar en el reino de Dios. Cuando accedemos a tener un cambio de vida aceptando a Cristo es que calificamos para iniciar de nuevo, dejándonos transformar por su Espíritu Santo que es quien te enseña y te capacita, está para guiarte y llevarte a hacer lo que es conveniente, como dice **1 Corintios 10:23: "Todo me es lícito, mas no todo conviene; todo me es lícito, mas no todo edifica"**.

Los placeres de la carne no van con el Espíritu y lo que es del Espíritu no va con lo de la carne, por eso el Señor te renueva y te hace andar en la verdad. Te prepara para lo que puedes enfrentar y mientras te refugias en él tu fe permanece y se robustece. No permitirá que tu pie resbale, porque así como escogió a Abraham (padre de la Fe), a Isaac y a Jacob, así también te escoge a ti. Los escogió en tiempos diferentes, con historias diferentes, llamados a un destino, cada uno cumpliendo su asignación de acuerdo al propósito de Dios, que a través de su misión hoy día marcan nuestras vidas, dejándonos en la Biblia el ejemplo de saber que nuestra parte es seguir creyendo, perseverar con valentía, fe y confiando en él en todo tiempo de acuerdo a cómo nos diseñó: **"Diré yo al Señor: Refugio mío y fortaleza mía, mi Dios, en quien confío" (Salmos 91:2).**

CAPÍTULO V

Armas que te defienden

En el libro de Juan, vemos que Jesús habla con sus discípulos, dejándonos esta enseñanza: **"Estas cosas os he hablado para que en mí tengáis paz. En el mundo tendréis aflicción; pero confiad, yo he vencido al mundo"** (Juan 16:33).

En la vida nos toca atravesar por diferentes tiempos, tormentas, batallas y tribulaciones que van formando nuestro espíritu y hacen desarrollar nuestro carácter hasta experimentar cómo Dios va actuando en nosotros y cuándo termina el tiempo de prueba o de dificultad. Sentimos que hemos sido aprobados delante de nuestro Señor. Siempre es bueno superar la prueba que se nos presente y no ser reprobados por nuestro maestro para no repetir historias pasadas.

Los caminos difíciles nos conducen a ser más fuertes, también estos moldean nuestro carácter y sacan de nosotros lo mejor cuando así lo permitimos. Procura tener paz, no perder el enfoque en Jesús, porque aun cuando sientas los fuertes vientos, él te revestirá de una paz diferente, una paz que te traerá la confianza de saber que la prueba tiene un tiempo marcado en el reloj de Dios para desaparecer. Combátela con tu mejor arma que es la oración. Tu entrega y el clamor son combustibles que recargan tu perseverancia, fortaleciendo tu relación con Dios, porque ante su trono celestial están siendo recibidas y escuchadas.

Él no se queda con los brazos cruzados, sino que iluminará tu sendero. Sé constante creyéndole y esperando en él, porque si tomaste la decisión de renunciar a tu pasado y someterte a él siendo obediente a sus mandatos, te abrirá las puertas de las bendiciones que tiene para ti y verás la vida con nuevas oportunidades caminando dentro de su voluntad que es agradable y perfecta, mientras vas alimentando tu corazón y enriqueciendo tu relación y comunión con el Señor para convertirte en un arma de guerra en sus manos para darte a ti la victoria.

Un ejemplo en la Biblia de cómo moverte dejando el pasado atrás es el de Lot. Encontramos que Abraham intercede por su sobrino Lot ante Dios, antes de que las ciudades de Sodoma y Gomorra, de donde él era, fueran calcinadas por la gravedad de pecados en que vivían. Abraham habló con Dios para pedirle que Lot y su familia salieran de allí y no se perdieran, a lo que Dios accedió. Lo único que debían hacer al salir de allí era no mirar atrás, pero saliendo de la cuidad la mujer de Lot no se enfocó en lo que le esperaba delante para salvación de su vida, sino que habiendo mirado lo que quedaba atrás inmediatamente se paralizó quedándose como una estatua de sal. Hizo exactamente lo único que Dios le había pedido que no hiciera. Ella no perseveró ni se enfocó en el nuevo comienzo que le esperaba, ni en la oportunidad de hacer una nueva vida, sino que mirando lo que dejaba atrás, perdió la vida que tenía quedándose en medio del camino como estatua de sal.

Así mismo, Dios nos da la oportunidad de salir del pecado para no volver jamás al pasado y de esta forma ayudarnos a empezar de nuevo y olvidar todo aquello que nos consume, que nos paraliza y nos hunde. Él nos permite salir de ese abismo para estar enfocados mirándolo a él y recibir lo que tenemos por delante, contando con su ayuda para volver a levantarnos, crecer y alcanzar su misericordia llenos de confianza. Solo mirando hacia delante es que podemos obtener una vida nueva en Cristo Jesús que es ganancia para nuestras almas, renovándonos día a día y haciendo lo bueno para que el pasado ni se mencione, porque nadie puede llamar inmundo lo que Dios ha limpiado **(ver Hechos 10.15).**

A medida que vas cultivando esa relación con tu Señor, te vas liberando de toda angustia, malos sentimientos y pensamientos provocados por el adversario. A través de la palabra de Dios vas recibiendo la luz, las armaduras necesarias, la fortaleza y la sabiduría para enfrentar con valentía y llenos de fe, las situaciones que se puedan presentar en el camino, sabiendo que a diferencia de antes, ahora no estás solo. Dios va delante como poderoso gigante, poniendo en ti el discernimiento para ir detectando y definiendo tus objetivos. Además, vas transitando, entendiendo y aprendiendo a poner en práctica el mandamiento del amor que Cristo nos dejó, que es el arma más completa que puedes usar.

Cuando Dios entra a tu vida, y en la medida que vas conociendo a tu Padre, buscándolo en intimidad, refugiándote en sus promesas y en la oración, él va activando tus dones, tus carismas y los talentos que ha puesto en ti. Saca lo que te hace daño y va eliminando lo que te quiere destruir, sanando todo rencor, amargura, deseos de hacer maldad, mentiras, engaño, rebeldía, envidia, toda codicia, ambición. Entonces, empiezas a sentirte limpio, amado, acompañado, la historia de tu destino cambia porque tomas la vía correcta, empiezas a ver todo diferente, ahora desde otro punto de vista, porque el Espíritu Santo te hace sentir renovando, sano, transformado, trabajando en ti desde el interior del corazón hasta tu apariencia física. Y este cambio se deja notar a los que te rodean, porque irás produciendo su fruto en ti, a medida que te dejas usar por él: **"Más el fruto del Espíritu es amor, gozo, paz, paciencia, benignidad, bondad, fe, mansedumbre, templanza; contra tales cosas no hay ley" (Gálatas 5:22-23).**

Caminando con el fruto del Espíritu dejamos que nuestro corazón sane y repare todas las heridas. Vamos teniendo la capacidad de aceptar y perdonar a los demás, poniéndonos en el lugar de aquellos que quizás no nos han podido dar el amor o el buen trato que no aprendieron o quizás nunca recibieron y muchas veces lo siguen practicando de forma inconsciente. Hacen lo mismo que a ellos les hicieron, porque todavía no conocen al Jesús que tú conociste. Por eso es bueno que te mires a ti, con los ojos de la fe, primero perdonándote a ti mismo haciéndote cambiar la mentalidad de víctima, y recuperando el amor propio, porque vales mucho y si en tu historia fuiste marcado siendo engañado, utilizado, abusado, abandonado, defraudado o maltratado por alguien que no recibió en la vida las directrices y los principios correctos. Piensa que estas personas, también han sido marcadas, convirtiéndose en un instrumento del maligno, envueltas en su propia condena, para seguir marcando, hiriendo y dañando a los demás causando con esto su propia muerte.

Tienes que saber que si estás leyendo esto, también eres capaz de superar tu pasado. Dios te usará para que con tu historia puedas transformar vidas, no veas como fracaso lo que es parte de tu grandeza. Dios no quiere que te quedes atascado en el pasado, sino que seas un instrumento poderoso de su amor para ser utilizado con quienes tienes en frente.

Atravesando el camino vas a ir recibiendo su luz que te hace aceptar lo que es realmente para ti y también te hará desechar lo que no te conviene, aunque te parezca algo bueno. Empezarás a eliminar toda práctica de iniquidad y aprenderás a usar el arma que menos acostumbramos a usar, el silencio, el arma que apaga días de fuego. En la sabiduría que Dios te da, aprenderás que en muchas ocasiones tu silencio será tu arma de mejor defensa porque representarás prudencia, dependencia de Dios y coherencia. En muchas ocasiones será necesario revestirte de paz y tolerancia para poder usarla y al mismo tiempo en lo que amerite, irás siendo más compasivo, más reflexivo y más comprensivo como ser humano y con el ser humano, contando siempre con el Dios de justicia a quien sirves.

El hecho es que muchos no pueden hablar de lo que no conocen y menos pueden dar lo que nunca han recibido. Muchos esperan llenar sus vacíos a través de beneficios que puedan recibir de una persona como: Algún cargo importante, estatus, fama, otros prefieren sustituir el amor, para recibir intereses y cosas materiales, por eso es que en su camino se desvanecen, porque lo material solo tiene precio pero no tienen valor. Se envuelven con lo que arrastra el mundo que es engañoso, a veces ciega y endurece el corazón, haciendo a las personas mostrarse con un carácter inadecuado hacia los demás.

En algún momento, nos toca interactuar con ese tipo de personas, lo único que les falta para cambiar su vida es tener apertura y dejar entrar a Cristo en su corazón para que a través de su amor logren llenar sus carencias. Precisamente a eso como cristianos es que estamos llamados; a amar al prójimo como nos amamos a nosotros mismos, aceptarles y motivarles a seguir tu ejemplo, queriendo imitar lo que verdaderamente es bueno, conociendo de cerca al dador de la vida, que da sentido a la tuya: "**[12] Vestíos, pues, como escogidos de Dios, santos y amados, de entrañable** misericordia, de benignidad, de humildad, de mansedumbre, de paciencia [13] soportándoos unos a otros, y perdonándoos unos a otros si alguno tuviere queja contra otro. De la manera que Cristo os perdonó, así también hacedlo vosotros. [14] y sobre todas estas cosas vestíos de amor, que es el vínculo perfecto" (Colosenses 3:12-14).

Cuando ejerces tu fe, recibes de El el amor perfecto que dirige y cambia los pensamientos negativos por lo que es provechoso. Donde quiera que vayas, iluminará tu vida para alumbrar a otros, porque la oscuridad ya no tendrá parte en ti: **"Te he puesto por luz para las naciones, a fin de que lleves mi salvación hasta los confines de la tierra" (Hechos 13:47).**

Lo que hizo a Jesús ser un vencedor y alcanzar su objetivo de llegar a la cruz fue su extremo amor por ti y por mí. Resistió las tentaciones que le fueron presentadas de diferentes formas en el camino para lograr el propósito encomendado por Dios: primero las ofertas de satanás en el desierto; luego, la oferta de Pedro para que no se entregara a morir.

Muchas veces los obstáculos vienen disfrazados de ofertas tentadoras que parecen ser buenas opciones, más cómodas y menos dolorosas, pero con el solo propósito de robarte todo lo hermoso que Dios tiene para ti. Te alerto para que no cedas a esas insinuaciones, que puedan provocarte acciones que no corresponden a tu asignación, haciendo que renuncies o acomodes tu estado, desviándote del camino mostrado con el fin de debilitarte para que caigas en pecado, hacerte retroceder y perder el objetivo para lo cual fuiste llamado. Por eso, resiste para que no caigas: **"Resistid al diablo y él huirá de vosotros" (Santiago 4:7).**

A Jesús las tentaciones no le fueron evitadas, sino que fueron enfrentadas y de una vez rechazadas. Si nos revestimos de su fortaleza y pedimos por el discernimiento y la sabiduría divina, para cuando quieran llegar a abordarte malos pensamientos, recuerdos del pasado, acusaciones, culpas mentirosas y temores con la intención de paralizarte y confundir tu dirección, para que te sientas indigno y no puedas avanzar, te sacudirás y te armarás de valor para rechazarlo y decir no.

Ya sabes que Dios te llama a un proceso de conversión, que te ha dado la capacidad y la valentía de poder resistir. Continúa hacia delante, camina con un corazón firme, confiando en aquel a quien tú has creído, que va delante de ti con poder y no tienes que temer, sino enfocarte en el resultado que producirá tu fe.

Mira hacia el objetivo que te has propuesto y a medida que vas resistiendo también iras viendo su gloria manifestarse en ti. El ejemplo de la vida de Jesús nos indica, que al igual que él, también nos sacrifiquemos nosotros teniendo fe, no en lo que veas sino en lo que creas, pues eso que esperas será manifiesto en el tiempo perfecto de Dios, perseverando en obediencia. **"… reconociéndolo en todos tus caminos, porque él allanará tus sendas" (Proverbios 35:6).**

Así como Dios le habló a Josué, sucesor de Moisés, para cumplir la promesa del pueblo de Israel, diciéndole en Josué 1:6 "Esfuérzate y se valiente…" Así también debemos esforzarnos nosotros para hacer cumplir y llegar a nuestra tierra prometida: **"Bendito sea Dios, mi roca, quien adiestra mis manos para la batalla" (Salmos 144:1).**

Atrévete a contrarrestar eso que quiere detenerte, desanimarte o quizás desesperarte, provocando que tires la toalla y te rindas, diciéndote que no ves nada o que no vale la pena continuar. Dios no es un Dios que trae dudas, ni inseguridades. Reviste tus deseos, pensamientos o cualquier sentimiento con la armadura de Dios **(ver Efesios 6:18)** hasta que veas la grandeza del Señor manifestada en tu vida.

Utiliza las herramientas que Dios ha puesto en ti, creyendo en su palabra que es tu espada, buscándole en toda oración, conquistando la paz que el mundo no es capaz de brindarte, sino que solo la da la presencia del Espíritu Santo. Alaba su nombre, resiste y provoca que su presencia esté siempre contigo, pues él intercede en tus decisiones cuando permites que oriente tu vida, porque cuando estás más débil es que él se hace más fuerte en ti.

Hazte llamar hijo de Dios. Repara tus errores para que acercándote a Dios recibas tu herencia. Que otros puedan ver que todo es posible si puedes creer, porque poniendo en práctica su palabra entenderás el poder que hay en ellas. Son el manual de nuestra vida. Es el instructivo para el alimento de nuestra fe en cada enseñanza, porque no es lo mismo conocer la historia de Cristo, que conocer al Cristo de la historia. Su palabra es lámpara para nuestros pies y todo lo que Dios promete se encuentra escrito allí.

A la vez es necesario refugiarnos en la oración, siendo el diálogo perfecto con Dios que transformará tu vida, te llenará siempre de su paz y de amor. Verás que sí se puede andar revestido de las armas que te hacen recibir las bendiciones del cielo para vivir bajo su gracia aquí en la tierra: **"Por tanto, tomad toda la armadura de Dios, para que podáis resistir en el día malo, y habiendo acabado todo, estar firmes"** (Efesios 6:13).

CAPÍTULO VI

Quién guía tu timón

Cuando emprendes un proyecto estando en sus caminos y eres dirigido de acuerdo al plan que Dios tiene para ti, puedes asegurar que guiado bajo su dirección tendrás éxito, porque prosperará su propósito en ti, claro, sin salirte de su cobertura y estando bajo su voluntad. Ser dirigido por Dios te va a ayudar a ser exitoso mientras lo permitas, a entender a Dios cuando te responda con un sí o cuando te responda que no, o si aún debes seguir esperando su tiempo.

El timón de tu vida lo guía a quien le das el permiso para que te domine. Eres el único que puede darle autoridad a quien maneje tu vida. Tu vida puede ser manipulada por lo que te gusta hacer, tener, producir o por lo que estás produciendo, también por la persona con la que te gusta estar, por un carácter errado, por temor a algo o a alguien, por el dinero, por el alcohol, por la mentira, por un superior, por un familiar o por lo que piensas que necesites. Hay diferentes maneras y formas de ser conquistado por la oscuridad hostil del mundo. Lo bueno es que hay solución. Dios perdona las malas acciones cuando vamos humillados a él y nos arrepentimos de todo corazón. Él puede tomar en sus manos el timón de tu vida y tener tu permiso para ser el dueño total de tus caminos. El mundo te direcciona a hacer lo ilícito, lo ilícito te lleva al pecado y el pecado te lleva a la muerte. Pero vemos en **Romanos 6:23: "Porque la paga del pecado es muerte, más la dádiva de Dios es vida eterna en Cristo Jesús Señor nuestro".** Dios te ha guardado y te ha librado de la muerte, porque tiene un plan perfecto para ti.

Que tu vida tome otro rumbo es la mejor decisión de cambio que puedes hacer. Sacúdete y renuncia completamente al pasado, empieza a buscar a Dios de otra manera, instrúyete en su palabra para que empieces a actuar de forma diferente, porque la autoridad de Cristo debe estar sobre ti para seguir hacia adelante y poder discernir las pruebas que debes superar en tu vida, los procesos que vienen a formarte y a moldearte e identificar cuándo llega un ataque para desviarte.

Por eso Dios quiere que seas constante y que en medio de las situaciones lo veas a él. Ten la actitud correcta para que experimentes su poder y sientas su respaldo y cuando arrecien los vientos contrarios sepas que el poderoso contigo está. Dice **Salmos 23: "Me guiará por sendas de justicia por amor a su nombre, aunque ande en valle de sombra de muerte no temeré mal alguno porque tú Señor estarás conmigo, tu vara y tu cayado me infundirán aliento, aderezas mesas delante de mí en presencia de mis angustiadores unges mi cabeza con aceite, ciertamente el bien y la misericordia me guiarán por largos días y en la casa del Señor moraré por largos días".**

Ya no tienes ir a la cruz a morir, Jesús ya lo hizo por amor a ti y a mí: **"Porque de tal manera amó Dios al mundo que ha dado su Hijo unigénito, para que todo aquel que en él cree no se pierda, sino que tenga vida eterna" (Juan 3:16).**

No es que Jesús llega a tiempo a tu vida, él ha estado ahí todo el tiempo esperando ser invitado por ti para entrar a tu corazón. Dice la Biblia que en la boda de Canaán ya estaba presente y cuando el vino se acabó, llenó las vasijas del mejor vino. Entonces, qué esperas para invitarle a que entre en tu vida para siempre y que limpie, sane, transforme, te liberte, se lleve lo que te ata y quite lo que te aflige. Dile:

"Hazme libre, toma el timón de mi vida, dirige mis caminos, ayúdame a estar fundamentado sobre ti que eres la roca inconmovible para que cuando llegue alguna tempestad yo esté firme. Sabiendo que tú mandas a callar los vientos y ellos te obedecen, trasforma mi vida y sé tú el dueño de mis tiempos. Te necesito Señor Jesús. Entra, lléname de tu luz y hazme de nuevo. Amén".

Cuando confiesas y decides acercarte a Dios, él también se acerca a ti y te usa como su instrumento mientras conduce tus caminos: **"Porque con el corazón se cree para justicia, pero con la boca se confiesa para salvación" (Romanos 10:10).**

Actúa siempre bajo el mandato de su palabra, fórmate en ella para que puedas entenderle y sepas quién eres tú en Cristo Jesús y veas lo que Dios es capaz de hacer por corresponderle a su obediencia. Aprenderás a tomar decisiones que vayan de acuerdo a sus respuestas y a desechar ofertas con bases erradas, que solamente arrastren consecuencias negativas.

Hay situaciones que son resultado de decisiones apresuradas, por eso no debes arriesgarte a tomarlas ni a aceptarlas. Te traerán al final un mal y doloroso resultado y en otras ocasiones puedes cometer un error de forma inconsciente al no consultar primero con tu Padre Celestial.

Dios te puede dar la capacidad y el discernimiento que tú necesitas para decidir o saber elegir qué hacer o no hacer, de la manera correcta en todo lo que emprendas o todo aquello que se te presente.

Atrévete a transitar tomando decisiones en base a la promesa que estás creyendo y no a tomar decisiones en base al mal momento que estás viendo transcurrir en tu vida. Actúa creyendo, obedeciendo por lo que esperas y no actúes impulsivamente por lo que tus ojos ven.

Hay cosas que parecen buenas. A veces son ofertas tentadoras, proposiciones atractivas que parecen inofensivas, pero antes asegúrate de hacer lo que Dios quiere que realmente hagas, porque muchas son las cosas a las que llamamos buenas que realmente no lo son.

Debes estar atento en medio del trayecto, pues es cierto que te encontrarás con personas que aportan cosas de bien a tu vida y te influencian con su testimonio, pero también te encontrarás con personas que pueden afectar tu vida debido a su comportamiento y acciones inadecuadas. Al analizar la forma en la que se expresan y actúan se pueden convertir en obstáculos para ti y si te dejas atraer por ellos, puedes perder tu enfoque. Cuando llegue ese momento es preciso saber que son distracciones y muchas veces piedras de tropiezo para tus pies, que si no estás prevenido pueden hacerte caer o confundirte de destino, pero si tienes claro quién va contigo sabrás discernir qué hacer y tu fe será afirmada.

Recordemos cómo Jesús explica a sus discípulos la parábola del trigo y la cizaña **(Mateo 13:36-43)**. Aquí nos muestra el significado del campo, que es el mundo, la semilla que se siembra, representando a Jesús, el trigo, que es aquel que crece y da frutos y la cizaña, que es la semilla improductiva, esparcida por satanás, que crece estéril, no produce fruto, crece vacía y cuando llega el tiempo de la ciega, que representa a los ángeles, estos la cortan y la desechan primero porque no sirve.

Como trigo que produce sus frutos, así somos los que nos llenamos de Dios. La palabra de Dios es la semilla que ha penetrado en nuestros corazones y nuestras mentes, haciéndonos fértiles para producir frutos buenos, pero también debemos conocer que siempre vamos a encontrar en nuestro entorno personas que representan a la cizaña, pues han decidido que sus vidas sean improductivas. Se acomodan a su realidad y no generan ningún cambio en ellos. Estos muchas veces quieren que tú tampoco puedas producir, pero eres escogido, para recibir esa semilla y luego sembrarla en otros para recoger los frutos, dando a otros lo que llevas dentro.

Tus frutos se reflejan en tus obras, en tus acciones y en tus palabras, y a través de ellas puedes motivar e inspirar a los que andan perdidos en el mundo para que de esta forma no sea el mundo con su oscuridad y penumbra quien te lleve a él. En vez de que este tipo de persona logre que seamos desechados, es mejor que seamos destacados por ser diferentes. Recuerda que esas representaciones de cizañas son las personas que nos hacen más fuertes para que salgamos adelante y podamos sacar nuestro potencial, a la vez que despiertan la compasión en nosotros, porque nos hacen ver cuán necesitados están de nuestras oraciones y de nuestro testimonio de vida. Esto permite que puedan conocer al verdadero Dios que conocemos y quieran llenarse de la gracia que viene de él y que está sobre nosotros, pues quien ha dejado que gobierne sus vidas no es precisamente Cristo: **"Bienaventurado el varón que no anduvo en consejo de malos, ni estuvo en camino de pecadores, ni en silla de escarnecedores se ha sentado; sino que en la ley del Señor está su delicia y en su ley medita de día y de noche"** (Salmos 1:1-3).

Cuando tienes a Jesús, ciertamente iluminas a los que no pueden ver con claridad el camino que conduce a la santidad, por eso te hace bien relacionarte con personas activas en la fe que muestran un comportamiento correcto delante de Dios, personas que te inspiran y te ayudan a un constante crecimiento perseverando en integridad, buenas costumbres, que su testimonio haga efecto en ti para producir y reflejar a los demás la alegría de vivir en el amor de Dios. Tal como dice **Proverbios 13:20: "El que anda con sabios, sabio será; mas el que se junta con necios será quebrantado".**

Tu nueva vida en Cristo te lleva a caminar siendo diferente, reflejando su luz y su paz. En medio de un mundo lleno de oscuridad, su favor y su gracia te alcanzan a través de tus comportamientos, en la forma de expresarte, en el trato y la misericordia que brindes a los demás, en el amor sin etiquetas y el perdón sin condición, aun en medio del dolor. Aunque las circunstancias no cambien, tú ya no eres igual, actuando bajo su gracia y creyendo en su palabra es como provocarás que su gloria sea manifestada en ti y en todo lo que hagas y aunque en ocasiones encuentres que no tienes un resultado favorable, por la fe entenderás que todo cuanto ocurre es para producir algo mayor en tu vida. Te dará la plena certeza de que cuando se tiene a Dios como guía del timón de tu vida es cuando te sientes seguro que navegas en dirección correcta.

Cuando haces de Dios tu guía, no hay aflicción que te derribe, porque tus raíces están arraigadas a la fuente que te da la verdadera vida. Aunque haya circunstancias difíciles, que en ciertas ocasiones quieren desesperarte y hacerte temer, sabes que estas son las que te recuerdan que al Dios a quien tú clamas es el mismo que te respalda y que es más grande que el tamaño de toda situación.

Esas personas que se levantan contra ti son las que necesitan seguir viendo la diferencia en ti, en la forma cómo te expresas, en la forma que te vistes, en cómo te vas moviendo, asistiendo a ambientes totalmente diferentes a los de antes, con tu comportamiento, con tus nuevas acciones, porque tu testimonio debe tener coherencia con tus acciones, pues tu vida puede ser la única Biblia que lean.

Esas personas que te observan alrededor y a través de tus tesoros, esos que quieren señalarte necesitan interesarse en Jesús por tu testimonio. Ellos tienen oportunidad de ser mejores. Muchos se levantarán para hacerte fallar, otros para herirte y para recordarte quién eras en tu pasado, pero ahora en tu nuevo presente Cristo es tu roca fuerte, tú solo ora por ellos, porque lo que ellos hacen es recordarte cuan valioso eres para el Dios que te ha transformado.

Aunque vengan ofertas tentadoras y atractivas con el fin de conquistarte, hacerte retroceder y fallar, mantente firme, pues por más que se vistan de luz, no son más que tinieblas, engaño y oscuridad. Dios te da la capacidad de discernir y con toda autoridad podrás rechazar toda tentación y él continuará mostrándote su dirección. Nada de esto funciona cuando tienes claro quién es Dios en tu vida: **"Todo el que viene a mí y oye mis palabras y las pone en práctica, os mostraré a quién es semejante: Semejante es al hombre que edificó una casa, y cavó profundo, y puso el fundamento sobre la roca; y cuando vino un torrente, el río dio con ímpetu contra aquella casa, mas no la pudo mover; porque estaba fundada sobre la roca"** (Lucas 6:47-48).

Que la espera de tu promesa no te desespere y tampoco te lleve a tomar decisiones incorrectas fuera de tu fuente que es el Señor. Mucho menos pongas en tela de juicio la confianza en él, porque él cumplirá en ti su palabra y si bien es cierto que en algunos casos no podemos negar las circunstancias difíciles que estamos atravesando en nuestras vidas, tampoco podemos negar que Dios es el que está en control y todo saldrá bien. Déjate guiar como lo hacía con su pueblo en **Éxodo 13:21-22: "El Señor los guiaba de día en una columna de nube, y de noche les daba luz en forma de una columna de fuego. Así podían viajar de día y de noche. [22] con ellos siempre iba, de día la columna de nube, y de noche la columna de fuego"**.

CAPÍTULO VII

Puerto Seguro

Para llegar a puerto seguro debes visualizarte como un ganador de tu destino, habiendo tomado la mejor decisión de tu vida, la de reconocer a Dios en todos tus caminos. Déjalo entrar a tu corazón, como dice **Apocalipsis 3:20: "Mira, aquí estoy llamando a la puerta. Si alguien escucha mi voz y abre la puerta, entraré, cenaré con él y él conmigo".**

Con tu conversión inicias un nuevo estilo de vida que afirmará en el trayecto tu convicción en él para nunca más volver atrás, ni que tampoco anheles las miserias de tu pasado, ni te confundan con los ruidos del mundo. Dios no es un Dios de confusión sino de paz, no codicies ni desees los teneres de los malvados, y como dice el Señor en su palabra, aquel que esté firme, mire que no caiga **(ver 1 Corintios 10:12).** Así que no te dejes llevar por tus debilidades, sino que andes por el mundo con firmeza y solidez llevando una vida en santidad, agradable a los ojos de tu Señor. Cuando Dios entró a tu vida, recibiste por completo su perdón, por eso apúrate en fortalecer y enriquecer tu relación con él para que recibas la verdadera ganancia, porque bien es cierto que en el mundo tendremos aflicción, pero si Dios está contigo nadie podrá estar contra ti: **"Estas cosas os he hablado para que en mí tengáis paz. En el mundo tendréis aflicción; pero confiad, yo he vencido al mundo" (Juan 16:33).** Él te llamó para que sean cumplidas en ti sus promesas a través del cumplimiento de su palabra en tu vida.

Cuando pones al Señor en primer lugar en tu vida entiendes qué es amarlo sobre todas las cosas, demostrando serle fiel, sumergido en oración y en su constante búsqueda, sabiendo que tu dependencia viene de él y que, a través de tu relación con él, es que se va fortaleciendo tu fe.

Cuando estás cumpliendo el primer mandamiento de amar a Dios sobre todas las cosas, porque él te amó primero, sus alas te cubrirán en todo lo que hagas y con más facilidad te hace sanar y perdonar a toda aquella persona que te haya hecho algún mal. A la vez le muestras que Dios te hace ser ente de su amor por la misericordia que das y que ellos aún no conocen. Es por tu disposición a dar el paso de fe que Dios te hace más fácil perdonar y cuando lo haces te descargas, trae alivio a tu corazón y te llenas de la paz incomparable que antes no conocías.

No dejes pasar más tiempo y pídele a Dios que te dé las directrices y las fuerzas necesarias para perdonar. Déjate usar por él, mira que él engrandece la nobleza de tu corazón y pone en alto tu humildad, porque brindando ese perdón te permites a ti mismo liberarte y aliviar tus cargas. Somos realmente perdonados cuando nosotros decidimos perdonar. Miremos el ejemplo que el Señor nos deja en la oración del Padre nuestro; pedimos que el Señor nos perdone igual como nosotros perdonamos a nuestros ofensores: **"…Y perdónanos nuestras deudas, como también nosotros perdonamos a nuestros deudores" (Mateo 6:12).**

Esa es la diferencia de dejarnos dirigir por Cristo, porque él se deja notar en las acciones de los que le buscan, por el modo diferente de hacer las cosas. Con esto iluminamos a otros, así que cuando hay cambio en nosotros también podemos ser entes de cambio en otros. Desde siempre hemos estado en los planes de Dios y aunque pensemos que fuimos nosotros que lo elegimos a él, él fue quien nos eligió a nosotros: **"Ustedes no me eligieron a mí, yo los elegí a ustedes. Les encargué que vayan y produzcan frutos duraderos, así el Padre les dará todo lo que pidan en mi nombre"** (Juan 15:16).

Por eso no te puedes quedar detenido en una sola estación, ni te puedes quedar rendido dándote por vencido. Dios hoy te levanta y te brinda esperanza, ofreciéndote una nueva oportunidad de emprender un camino diferente y descubrir tu destino porque hay más estaciones que esperan recibirte, cada una con un clima y un color diferente.

Con la luz que dirige tu vida no tienes que andar a oscuras jamás y nada te va a faltar porque dentro de ti Dios ha depositado la semilla que te ayudará a producir, teniendo mucho más que dar, viviendo nuevas experiencias para tener nuevas enseñanzas. Solo necesitas disponerte, avanzar con perseverancia y verás que hasta los tuyos alcanzarán las promesas a través de ti.

Él ha depositado en cada uno un talento. El más simple es tan importante como el que parezca grande, pues todos juntos for- mamos parte de un solo cuerpo, donde Cristo es la cabeza. Cada uno tiene una función indispensable que hay que poner en práctica para producir el resultado del amor que viene de Dios, porque a medida que vamos levantando obras es que vamos construyendo sueños. A través de ese amor que vence toda maldad y cubre multitud de pecados es que vamos haciéndonos iglesia.

En muchas ocasiones nos sentimos indignos de que Dios nos reciba. Sentimos que no hemos hecho las cosas bien delante de los ojos de Dios, nos sentimos poco merecedores de acercarnos a él, ¡¡y no!! Es ahí donde está el grave error, ahí es que más rápido debemos ir corriendo a sus pies. Él no contabiliza nuestros errores, porque su amor por ti no te límites ni condiciones. Acerquémonos con toda confianza al Señor, porque él nos conoce más que nosotros mismos. Entrégale tu corazón sincero y pídele perdón. Recupera tu herencia, porque tu Padre celestial te espera: **"…si vuestros pecados fueren como la grana, como la nieve serán emblanquecidos; si fueren rojos como el carmesí, vendrán a ser como blanca lana" (Isaías 1:18).** A diferencia de nosotros los seres humanos, el Señor perdona y olvida. Así que, mientras tengamos vida, vamos a tener oportunidad de ir a él.

Procuremos con prisa hacer la voluntad del Señor y transitar bajo su cobertura con fe. Está en ti tener la perseverancia de estar con él y declarar con fe lo que aún tus ojos no ven. Renace y avanza con la confianza y la certeza de saber que todas las cosas obran para bien para los que aman a Dios **(Romanos 8:28).** Las cosas viejas quedan atrás; no vuelvas atrás dejando enfermar lo que Dios ha sanado; no permitas caerte porque Dios ya te ha levantado; no te dirijas al fango cuando Dios te ha sacado llevándote por caminos de luz.

No volverá a torcerse aquello que Dios ha enderezado, porque él es quien te sostiene, es el que guarda tus entradas y salidas, te dirige a un futuro y una esperanza.

Haciendo referencia a Colosenses 3:24 Somos herederos de lo incorruptible, recuerda que Dios, se hizo hombre enviando a su hijo amado Jesucristo a pagar por nuestros pecados para darnos vida en abundancia, que habiendo nacido en un pesebre terminó siendo rey, haciendo cumplir su palabra fiel en un destino verdadero y eterno.

Él te llamó a ser un embajador del cielo aquí en la tierra, representante del reino de Dios a quien él ha entregado los dones y con ellos llevarte donde te necesita, para que sean usados **(ver Romanos 10:15).** Tienes oportunidad de dejarte renovar y dejar atrás la vida pasada, iniciando lo nuevo con valentía, renunciando a los hábitos que destruyen, afianzando tu vida a Jesús que te hará ser una persona diferente y sabiendo que todo lo puedes en Cristo que te fortalece **(ver Filipenses 4:13).**

Haciendo ahora su voluntad nacerá la luz que te guiará y si el enemigo te persigue con ataques tratando de hacerte la guerra, ya no será a ti sino a Dios, pues él es quien peleará por ti. Por un camino saldrán y por siete se dispersarán **(ver Deuteronomio 28:7)** y por tu perseverancia Dios dará cumplimiento a los planes que tiene contigo, porque en él puedes echar fuera todo aquello que quiera venir a interrumpir tu camino:

"Mas vosotros sois linaje escogido, real sacerdocio, nación santa, pueblo adquirido por Dios, para que anunciéis las virtudes de aquel que os llamó de las tinieblas a su luz admirable" (1 Pedro 2:9).

Déjate conducir hacia tu destino para que como el apóstol Pablo puedas decir: **"He peleado la buena batalla, he acabado la carrera, he guardado la fe" (2 Timoteo 4:6-8).** Por haber llevado una vida de constante fe guardada en Cristo Jesús para vida eterna.

No es casualidad ni por curiosidad, que esta enseñanza haya llegado a ti, sino que está dentro del plan que Dios tiene para ti. Dios te ama al extremo y lo que más anhela es hacer que nazca en ti una vida nueva, que fortalezcas tu fe, que te sostengas de sus promesas, que veas su gloria en cada paso que des, que cuando lo busques sientas su presencia contigo, que camines dejando huellas y que vayas creciendo como árbol frondoso cimentado en corrientes de agua para dejar buenos frutos, haciendo poco a poco un legado por la buena semilla en el terreno que te conduce a un destino de victoria.

Que con esa constante búsqueda y conexión con Dios, se active tu asignación a través de tu servicio al Señor usando esos dones, carismas y talentos que te hagan esparcir la buena nueva de la paz, que es la palabra de Dios y des tantos, pero tantos frutos, que produzcas una abundante cosecha, para que tus obras glorifiquen siempre su nombre y que, por su gracia, recibas su fidelidad y el gozo de tu salvación.

Vemos en **Juan 21:6: "Y él les dijo: "Echen la red al lado derecho de la barca y hallarán pesca."** Entonces la echaron y no podían sacarla por la gran cantidad de peces. Cuando Jesús llega a tu barca te cambia la vida. Estando a solas intentas encontrar una salida a tus situaciones, una solución, buscando abastecerte, pescando lo que te hace falta, hasta que El Señor te encuentra y te manda a remar mar adentro y a tirar nueva vez las redes, intentándolo ahora con su respaldo, creyendo que vas a pescar tu milagro. Tal como Simón Pedro, que intentando pescar una y otra vez no lo lograba, pero cuando es Jesús que lo envía a moverse mar adentro, diciéndole que echara las redes de nuevo, pudo recibir lo que sin él no hubiera podido ser.

Jesús cambia las cosas cuando decides escucharle, seguirle y obedecerle, confiando en él y teniendo fe. Al igual que Pedro puede hacerte a ti, pescador de hombres que por tu milagro otros también quieran recibirle.

Navegando en el viaje de la vida, estando sustentado de la mano con Jesús, te darás cuenta de que en el camino se va desarrollando el potencial que Dios ha puesto en ti y en su momento irás viendo cumplir cada promesa de acuerdo con su grandeza, haciéndote experto. Y gracias a los fuertes vientos vas remando, apreciando el tiempo, al saber que te espera una herencia celestial al atracar tu barca cuando llegues al puerto, cantando y contando la gloriosa recompensa de vivir el cumplimiento de un hermoso destino. **"Y aunque tu principio haya sido pequeño, tu postrer estado será muy grande"** (Job 8:7).

¡Dios te bendiga!

Sobre el autor

Kalaham Montán nació el 14 de febrero 1980, en la ciudad de Santo Domingo, República Dominicana. Vive actualmente en la ciudad de Santiago. Es hija, esposa y madre teniendo la gracia de haber procreado dos hijos. Con estudios técnicos realizados de Administración de Empresas, desempeña la función de Analista del área empresarial de una institución financiera de la ciudad de Santiago. Es apasionada por la Palabra de Dios, la cual le fue inculcada desde su niñez, hasta la fecha.

Presenta una gran inquietud de querer expandir las Sagradas Escrituras a través de un mensaje restaurador, lleno esperanza, que alcance de forma inherente a todo aquel que necesite renovar su vida, para caminar de la mano de nuestro Padre Dios..

Bibliografía

Palabra de Dios Para Todos (PDT)

www.ingramcontent.com/pod-product-compliance
Lightning Source LLC
Chambersburg PA
CBHW061326120726
48001CB00002B/715